# Revistas Españolas en Trabajo Social

Mª Angeles Martínez Sánchez

## Prólogo

En este libro presentamos un informe sobre las principales revistas españolas del área de Trabajo Social que son usadas por la comunidad de profesionales y académicos del área. Analizamos algunos indicios de calidad de las mismas estudiando las bases de datos en las que están indexadas.

El objeto es dar a conocer a los investigadores y profesionales del área cuales son las fuentes de información más usadas para difundir y adquirir conocimientos en el área de Trabajo Social en España.

.

# Índice

# 1. Introducción

El Trabajo Social se define según la Federación Internacional de Trabajadores Sociales y la Asociación Internacional de Escuelas de Trabajo Social (IASSW) como la profesión *"que promueve el cambio social, la resolución de problemas en la relaciones humanas, y el fortalecimiento y la liberación del pueblo, para incrementar el bienestar. Mediante la utilización de teorías sobre comportamiento humano y los sistemas sociales, el trabajo social interviene en los puntos en los que las personas interactúan con su entorno. Los principios de los Derechos Humanos y la Justicia Social son fundamentales para el Trabajo Social"* [1, 2].

El área de Trabajo Social es un área incipiente y relativamente joven en el ámbito de la investigación, tanto a nivel nacional como internacional [3, 4, 5]. Para que un área de investigación crezca y se consolide los miembros de su comunidad deben de conocer cuales son las pautas y cauces tradicionales de transmisión de la producción científica, así como los principales estándares internacionales que se usan en otras áreas de investigación.

En este libro nos centramos en analizar las principales revistas españolas de investigación existentes así como las principales bases de datos en las que están indexadas.

## 2. Bases de Datos Bibliográficas

Una de las materias que forman partede las Ciencias de la Documentación es la Indexación de Revistas Científicas que tiene como propósito la elaboración de un índice que contenga de forma única y ordenada la información de las revistas así como los criterios de calidad científica que satisfacen (por ejemplo la llamada revisión por pares). Las bases de datos bibliográficas muestran a la comunidad científica una información ordenada de cuales son las fuentes de difusión de información científica más importantes en su área, tanto para acceder como para difundir conocimientos científicos en el área. Para incrementar la visibilidad y el impacto de las revistas, así como para garantizar la calidad de las publicaciones de las revistas es muy importante aparecer en las bases de datos bibliográficas. Por ello, los comités de dirección y editoriales trabajan en la mejora constante de la calidad de las revistas con el objetivo de incluirlas en las bases de datos bibliográficas de mayor importancia.

En la evaluación de la ciencia para todas las áreas científicas (Ciencias, Ciencias Sociales y Humanidades) existen varias bases de datos bibliográficas que son tenidas en cuenta para indexar las revistas, siendo algunas de pago y otras gratuitas.

La base de datos de revistas científicas más importantes existentes en el mundo y de referencia en la evaluación de la ciencia internacional es el **Journal Citation Report (JCR)** que es editada por Thomson Reuters [6]. El JCR es una base de datos de revistas que indexa las revistas y las ordena y clasifica de acuerdo al llamado Factor de Impacto, el cual es un valor numérico que se asigna a las revistas en función de las citas que reciben [7]. Existen dos versiones del JCR una para indexar las revistas de Ciencias (el JCR para Sciences) y otra para indexar las revistas de Ciencias Sociales (el JCR para Social Scinces). El JCR es una base de datos de pago y es aquella a a la que aspiran a estar todas las revistas del mundo.Lamentablemente observamos que no hay revistas españolas de Trabajo Social que estén indexadas en ella, por lo cual queda trabajo por hacer en esta área.

La gran mayoría de las revistas españolas están indexadas en **Dialnet** cuyo servicio es dar a difundir la producción científica hispana. Esta base de datos empezó a dar servicio en el año 2001 y está especializada en ciencias humanas y sociales. Una de las muchas características que presenta es que es de acceso libre, fue creada por la Universidad de La Rioja y constituye una hemeroteca virtual que contiene los índices de las revistas científicas y humanísticas de España, Portugal y Latinoamérica, incluyendo también libros (monografías), tesis doctorales, homenajes y otros tipos de documentos.

Otras bases de datos bibliográficas que tenemos que tener en cuenta en Trabajo Social son:

- **Latindex** que es un sistema de información académica, sin fines de lucro y de consulta gratuita, especializado en revistas académicas editadas en Iberoamérica; ofrece también información sobre revistas de vocación latinoamericanista editadas fuera de la región. El sistema es fruto de la cooperación entre distintas instituciones de 23 países. Está disponible para consulta en http://www.latindex.org.

- **Dice** está desarrollada por el Instituto de Estudios Documentales sobre Ciencia y Tecnología (IEDCYT) (antiguo CINDOC)**,** adscrito al Centro de Ciencias Humanas y Sociales (CCHS) del <u>**Consejo Superior de Investigaciones Científicas**</u> <u>**(CSIC)**</u> tiene como principal línea de actuación el estudio de los sistemas de I+D, las dinámicas de la investigación científica y la transferencia de conocimientos.

- **Redalyc** constituye una red de revistas científicas de América Latina y El Caribe, España y Portugal (http://redalyc.uaemex.mx/).

- **Scopus** es una base de datos bibliográfica de resúmenes y citas de artículos de revistas científicas. Cubre aproximadamente 18.000 títulos de más de 5.000 editores internacionales, incluyendo la cobertura de 16.500 revistas revisadas por pares de las áreas de ciencias, tecnología, medicina y ciencias sociales incluyendo artes y humanidades. Está editada por Elsevier y es accesible en la Web para los subscriptores. Las búsquedas en Scopus incorporan búsquedas de páginas web científicas mediante Scirus, también de Elsevier, y bases de datos de patentes. Pueden encontrarla en http://www.scopus.com . Es junto con JCR de Thomson una de las bases de datos bibliográficas más importantes.

- **Psicodoc** es una base de datos internacional con interfaz multilingüe (español, inglés y portugués) que facilita la búsqueda bibliográfica y el acceso al texto completo de las publicaciones científicas sobre Psicología y otras disciplinas afines. Accesible desdehttp://www.psicodoc.org/.

- **Ciberindex** es una plataforma especializada en la gestión del conocimiento en cuidados de salud que tiene como misión proporcionar a profesionales e instituciones de cualquier ámbito (asistencial, docente, gestor o investigador) soluciones prácticas e innovadoras para la ayuda en la toma de decisiones fundamentadas en el conocimiento científico. Accesible desde http://index-f.com/ciberindex.php

- **ERIC** proporciona acceso ilimitado a más de 1,4 millones de registros bibliográficos de artículos de revistas y otros materiales relacionados con la educación. Accesible desdehttp://www.eric.ed.gov/

- **MIAR** es un sistema para medir cuantitativamente la visibilidad de las publicaciones periódicas en Ciencias Sociales en función de su presencia en distintos tipos de bases de datos. Los responsables de este proyecto no suscriben ninguna correlación directa entre este valor y otros criterios cualitativos, como la calidad de la revista, en los que pueden influir otros factores.

- **ISOC** Una de las tres Bases de Datos del Consejo Superior de Investigaciones Científicas, esta especializada en la producción en Ciencias Sociales y Humanas.

- **INRECS** es una base de datos que se alimenta a partir de la indización sistemática de las referencias bibliográficas citadas en los artículos publicados en más de 100 revistas españolas de las principales disciplinas que conforman el dominio de las ciencias sociales (Antropología, Biblioteconomía y Documentación, Economía, Educación, Geografía, Sociología, Psicología y Urbanismo).

- **ULRICH´S PERIODICALS DIRECTORY** es una base de datos bibliográfica que provee servicios de consulta sobre las publicaciones de tipo revistas (ISSN) en el mundo entero. Incluye una enorme variedad de temas y fue publicado por primera vez en 1932 bajo el título "Periodicals Directory: A Classified Guide to a Selected List of Current Periodicals Foreign and Domestic". El nombre actual lo adquirió a partir del año 2000.

## 3. Revistas Españolas en Trabajo Social

En esta sección mostramos las principales revistas españolas que vehiculan y difunden la investigación que en España se realiza en el área de Trabajo Social, analizando características como temática particular, idioma de publicación, números que editan al año, formato de la revista (papel o electrónico), entidad editora y muy especialmente las bases de datos bibliográficas donde están indexadas. Este último aspecto es de vital importancia para las revistas ya que su visibilidad e impacto y a la postre su supervivencia depende mucho de las bases de datos bibliográficas que las indexan.

Hemos identificado un total de 23 revistas españolas en Trabajo Social. A continuación las presentamos haciendo distinción entre aquellas que son editadas de forma electrónica o digital y aquellas que son editadas en papel.

### 3.1 Revistas Españolas en Trabajo Social Digitales

En esta subsección se muestran las principales revistas digitales españolas en Trabajo Social.Se especifica una pequeña imagen ilustrativa de cada revista, una breve descripción y diferentes datos descriptivos como ISSN, entidad Editora, editor/a jefe, año de creación, areas Temáticas, dirección web, si tiene versión en papel, desde cuando presenta versión digital, si es gratuita o no, periocidad, papers por volumen y las bases de datos donde esta indexada.

## TRABAJO SOCIAL GLOBAL

Publica artículos con los resultados de las principales investigaciones mundiales en los temas clave del trabajo social, campo de acción profesional de formación y de investigación centrado en los problemas y en las políticas sociales.

**ISSN:** 2013-6757

**Entidad Editora:** Grupo de investigadores en Trabajo Social.

**Editor/a jefe:** Ariadna Munté Pascual (Facultad de Pedagogía. Departamento de Trabajo Social y Servicios Sociales)

Enrique Eduardo Raya Lozano (SEPISE, Universidad de Granada)

**Año de creación:**2010

**Areas Temáticas:** Político-social empírico

**Dirección web:** http://www.hipatiapress.info/hpjournals/index.php/tsg

**Digital o papel:** Digital

**Desde cuando es digital:**

**Gratuita:** Si

**Periocidad:** Cuatrimestral

**Idioma:** Español, Ingles

**Papers por volumen:** Siete

**Bases de datos de indexación:**

## AGATHOS

La revista Agathos, Atención Sociosanitaria y Bienestar nace en el 2001 con el objetivo de ofrecer unaplataforma de conocimiento multidisciplinar donde tengan cabida artículos y comunicaciones de experiencias, investigaciones, metodologías, puntos de vista, etcétera, de todas las áreas y disciplinas que componen el arco de la atención sociosanitaria, de los servicios sociales y del bienestar.

Para ello en cada número los artículos publicados buscan el equilibrio entre las diferentes materias que los inspiran, para evitar percepciones verticales y unidisciplinares en el abordaje de la atención sociosanitaria y del bienestar social.

El abanico de circunstancias que padece la persona y su entorno cuando ésta pierde la salud y la autonomía social, implica la convergencia de muchas disciplinas, que más allá de las propiamente sanitarias y las propiamente sociales, necesariamente, deben interactuar en favor de la persona y su entorno.

**ISSN(papel):** 1578-3103
**ISSN (internet):** 2014-1629
**Entidad Editora:** Institut de Serveis Sanitaris i Socials (ISSIS)
**Editor/a jefe:** Dolors Colom
**Año de creación:** 2001
**Areas Temáticas:** Atención Sociosanitaria y Bienestar
**Dirección web:** http://www.revista-agathos.com
**Digital o papel:** Digital y Papel
**Desde cuando es digital:**
**Gratuita:** Si
**Periocidad:** Trimestral
**Idioma:** Español
**Papers por volumen:** Siete
**Bases de datos de indexación:** Dialnet, Latindex, ISOC, ULRICH´S PERIODICALS DIRECTORY

## DOCUMENTOS DE TRABAJO SOCIAL: REVISTA DE TRABAJO Y ACCIÓN SOCIAL

DTS es una publicación científico-técnica que edita el CODTS de Málaga cuatrimestralmente desde 1993. Responde a la necesidad sentida en la práctica del Trabajo Social de investigar, teorizar y universalizar los conocimientos y experiencias.

**ISSN:** 1133-6552
**ISSN Electrónico:** 2173-8246
**Entidad Editora:** Colegio Oficial de Diplomadas y Diplomados en Trabajo Social y Asistentes Sociales de Málaga
**Editor/a jefe:** Cristóbal Gil Valenzuela
**Año de creación:** 1993
**Areas Temáticas:** Ciencias sociales: Sociología, Población, Trabajo social
**Proceso de revisión por pares:**
**Dirección web:**http://www.trabajosocialmalaga.org/revistadts
**Digital o papel:** Digital y Papel
**Desde cuando es digital:**
**Gratuita:** Si
**Periocidad:** Cuatrimestral
**Idioma:** España
**Papers por volumen:** Catorce
**Bases de datos de indexación:** Dialnet, Latindex, MIAR, INRECS

**COMUNITANIA. REVISTA INTERNACIONAL DE TRABAJO SOCIAL Y CIENCIAS SOCIALES**

Comunitania. Revista Internacional de Trabajo Social y Ciencias Sociales, es una revista académica, que tiene dos objetivos básicos. En primer lugar, publicar artículos de la máxima calidad y relevancia científica, en el ámbito del Trabajo Social y las Ciencias Sociales. En segundo lugar, convertirse en un foro de debate en el que se puedan abordar los principales retos para la investigación en el ámbito del Trabajo Social y las Ciencias Sociales.

**ISSN:** 2173-0512
**Entidad Editora:**UNED: Facultad de Derecho, Universitas Editorial
**Editor/a jefe:**Juan de Dios Izquierdo Collado (Departamento de Trabajo Social UNED)
**Año de creación:** 2011
**Areas Temáticas:**Ciencias sociales: Sociología, Población, Trabajo Social
**Dirección web:**http://www.comunitania.com
**Digital o papel:** Digital
**Desde cuando es digital:**2011
**Gratuita:**Si
**Periocidad:**Semestral
**Idioma:**Español
**Papers por volumen:**Doce
**Bases de datos de indexación:** Dialnet, Latindex, ISOC.

## CUADERNOS DE TRABAJO SOCIAL

Cuadernos de Trabajo Social se edita desde 1987. Responde a la búsqueda de intercambio de conocimiento científico. Sostiene la independencia de criterio y la función crítica, así como la unidad entre culturas científica y humanista. Fomenta procesos de elaboración teórica a partir de las prácticas de los profesionales de Trabajo Social. Conjuga el trabajo intelectual riguroso con el pensar cómo reformar y mejorar la sociedad por medio de la intervención social.

Sus publicaciones abarcan cuestiones relacionadas con Trabajo Social, Servicios Sociales, Política Social e intervención social con un tratamiento multidisciplinar. Se dirige a los especialistas y a los actores implicados en la intervención social. Un objetivo es construir redes y conectar mundos. Tiene una parte monográfica y otra de miscelánea. Su publicación es semestral.

**ISSN:** 0214-0314
**ISSN electrónico:** 1988-8295
**Entidad Editora:**Universidad Complutense: Servicio de Publicaciones
**Editor/a jefe:** Luis Nogués Sáez (Universidad Complutense de Madrid) y Pedro Cabrera Cabrera (Universidad Pontifica de Comillas).
**Año de creación:** 1987
**Areas Temáticas:** Trabajo Social, Servicios Sociales, Política Social.
**Dirección web:**http://revistas.ucm.es/index.php/CUTS
**Digital o papel:** Digital y en papel
**Desde cuando es digital:** 1989
**Gratuita:** No
**Periocidad:** Anual
**Idioma:** Español
**Papers por volumen:** Dieciocho
**Bases de datos de indexación:** Anthropoligical Index Online, ISOC, Compludoc, Dialnet, Social Service Abstract, Sociological Abstracts, PSICODOC PSYKE, Sumaris CBUC, Ulrich's Periodicals Directory, Latindex, DICE, IN-RECS, MIAR, RESH.

## ENTORNO SOCIAL

Es la primera, y única, publicación independiente de actualidad en información social y sanitaria. Con ámbito estatal, dirigida a centros de servicios sociales y atención sanitaria, empresas privadas del sector de la salud y los servicios, entidades públicas y privadas, organizaciones no gubernamentales, fundaciones, profesionales e investigadores que desarrollan su actividad en el sector de los asuntos sociales y de la salud.Trata temas de interés en estos campos, con especial hincapié en la divulgación de nuevos servicios, programas, recursos, productos, organizaciones, iniciativas, legislación, nuevas tecnologías aplicadas al bienestar social y de la salud así como los avances en investigación en el terreno de la salud, publicaciones especializadas, encuentros de formación y convocatorias, bolsa de trabajo y asuntos internacionales.Tiene las secciones siguientes: Editorial, Cartas a la Redacción, Actualidad, Revista de Prensa, Salud, Empresas, Economía Social, Iniciativas, Proyectos y Servicios, Reportaje, Ambito Profesional, Entrevista, Internacional, ONGS, Ventana al Futuro, Opinión, Artículos, Análisis e Informes, Hemeroteca y Biblioteca, De Interés, Convocatorias y Empleo.Se trata de un soporte idóneo para empresas y entidades relacionadas con los ámbitos de lo social, educativo y de la salud que deseen dar a conocer su actividad y fortalecer su imagen social.

**Entorno Social Digital** (www.entornosocial.es) alcanzó durante el último año un promedio mensual de visitas superior a 3000.000 y una descarga de páginas superior a las 560.000 (datos auditados por RedCoruna) y solidaria.

**ISSN:**
**Entidad Editora:**Propia empresa llamada Entorno Social
**Editor/a jefe:**Angel Rodríguez
**Año de creación:**1995
**Areas Temáticas:**Información social y sanitaria.
**Dirección web:** http://www.entornosocial.es
**Digital o papel:** Digital y Papel
**Desde cuando es digital:**2004
**Gratuita:**No
**Periocidad:**2 meses
**Idioma:**Español
**Papers por volumen:**Más de Veinte
**Bases de datos de indexación:**

## PORTULARIA REVISTA DE TRABAJO SOCIAL

Portularia, Revista de Trabajo Social, nace con el impulso de la Escuela Universitaria de Trabajo Social de la Universidad de Huelva y de un grupo de profesores y profesoras que imparten su docencia en la misma. Su objetivo principal gira en torno a establecer un medio para el análisis y la discusión de las repercusiones que tienen los cambios sociales a los que el Trabajo Social no es ajeno. Los desafíos a los que se enfrentan nuestras sociedades requieren de unos profesionales bien formados para hacer frente a los cambios que se aproximan, y de una Universidad conectada con la sociedad para conocer sus problemas, diagnosticarlos y proponer actuaciones que mejore la calidad de vida de todos los ciudadanos.

El Trabajo Social, como producto social, no es ajenos a todos estos cambios y desafíos. El impacto de las nuevas tecnologías en la organización social y en la reproducción de las desigualdades, la pluralidad motivada por el aumento de la inmigración, la protección de las minorías, el envejecimiento progresivo de la población, la protección del medio ambiente o el acceso al empleo de todos los ciudadanos…, son aspectos que ocupan y preocupan al trabajo social y que encontrarán en Portularia.

**ISSN:** 1578-0236
**ISSN electrónico:** 1989-5399
**Entidad Editora:** Universidad de Huelva: Servicio de Publicaciones
**Editor/a jefe:** Octavio Vázquez Aguado
**Año de creación:** 2011
**Areas Temáticas:** Ciencias sociales: Sociología. Población. Trabajo social
**Dirección web:** http://www.uhu.es/publicaciones/revistas/portularia/index.php
**Digital o papel:** Digital
**Desde cuando es digital:**
**Gratuita:** No
**Periocidad:** Anual
**Idioma:** Español, Ingles
**Papers por volumen:**

**Bases de datos de indexación:** Dialnet, Latindex, ISOC, MIAR, INRECS, ULRICH´S PERIODICALS DIRECTORY

## AZARBE. REVISTA INTERNACIONAL DE TRABAJO SOCIAL Y BIENESTAR SOCIAL

Revista Internacional de Trabajo Social y Bienestar, es una publicación de la Facultad de Trabajo Social, a través del Servicio de Publicaciones Edit.um de la Universidad de Murcia. Se edita desde 2012 y tiene una periodicidad anual.se trata de una revista científica, arbitrada por el sistema de revisión externa de expertos (peer-review), adopta las normas de publicación establecidas en el Manual de la APA y se orienta al cumplimiento de todos los criterios de calidad científica. Tiene como finalidad contribuir a la difusión, transferencia e intercambio de investigaciones, experiencias profesionales y docentes, trabajos teóricos e innovaciones metodológicas en el ámbito social, académico y profesional. Su ámbito de influencia es internacional y se vincula al Trabajo Social, al Bienestar Social, a la Política Social, a los Servicios Sociales, así como a otras áreas y disciplinas que desde una perspectiva interdisciplinar enriquecen el Trabajo Social y el Bienestar Social.

**ISSN electrónico:** 2254-9641
**ISSN impreso:** 2255-4955
**Entidad Editora:** Facultad de Trabajo Social. Universidad de Murcia
**Editor/a jefe:** Enrique Pastor Seller
**Año de creación:** 2012
**Areas Temáticas:** Trabajo Social
**Dirección web:** http://revistas.um.es/azarbe
**Digital o papel:** Digital y papel
**Desde cuando es digital:** 2012
**Gratuita:** Si
**Periocidad:** Anual
**Idioma:** Español
**Papers por volumen:** Quince
**Bases de datos de indexación:** Dialnet, ULRICH´S PERIODICALS DIRECTORY, EBSCO

## REVISTA INTENCIONES TENDENCIAS E EN TRABAJO SOCIAL   INNOVACIONES

Vivimos en una sociedad que progresa y avanza, pero no siempre por igual en todas las áreas ni para todos los colectivos; estamos en un permanente proceso de cambio donde algunos grupos entran en situaciones de riesgo y de vulnerabilidad social. Hacer frente a las exigencias y a las dificultades de las sociedades modernas no siempre es fácil, y los gobiernos, conscientes de esta situación, desarrollan planes y estrategias de intervención que refuerzan la inclusión social de aquellas personas o grupos, susceptibles de quedarse fuera. Esta apuesta se concreta en infinidad de servicios y de programas que tanto el gobierno central como el autonómico o el local, junto con las entidades privadas ponen en marcha para apoyar a estas personas.

El objetivo de "Intenciones" es el de dar difusión y visibilidad a los servicios, programas y experiencias de carácter social que favorezcan la incorporación e integración social de los colectivos en riesgo de exclusión.

**ISSN:**
**Entidad Editora:** Universidad Camilo José Cela
**Editor/a jefe:**
**Año de creación:** 2008
**Areas Temáticas:**
**Dirección web:**http://www.revistaintenciones.com
**Digital o papel:** Digital
**Desde cuando es digital:**
**Gratuita:** Si
**Periocidad:**
**Idioma:** Español
**Papers por volumen:** Diez
**Bases de datos de indexación:**

## ÁREA SOCIAL

Área Social es una revista publicada por el Colegio Oficial de Diplomados en Trabajo Social y Asistentes Sociales de Castilla-La Mancha, fue fundada en el año 1997 y su area temática principal son las Ciencias Sociales. Presenta versión Digital y de Papel, es Gratuita y su periocidad es semestral.

**ISSN:** 1139-2924
**Entidad Editora:**Colegio Oficial de Diplomados en Trabajo Social y Asistentes Sociales de Castilla-La Mancha
**Editor/a jefe:** Ana de la Hoz Martín
**Año de creación:** 1997
**Areas Temáticas:** Ciencias sociales: Sociología, Población, Trabajo Social
**Proceso de revisión por pares:**
**Dirección web:**http://www.trabajosocialclm.com
**Digital o papel:** Digital y Papel
**Desde cuando es digital:**
**Gratuita:** Si
**Periocidad:** Semestral
**Idioma:** Español
**Papers por volumen:** Catorce
**Bases de datos de indexación:** Dialnet
**Situación actual: Dejó de publicarse en 2007**

**Boletín Informativo de Trabajo Social (Bits)**

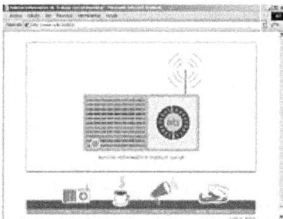

Esta Revista llamada el Boletín Informativo de Trabajo Social (Bits) aparece como una Revista Digital publicada por la Escuela Universitaria de Trabajo Social de Cuenca. Fue constituida a comienzos de 2002 como un proyecto abierto a la reflexión en materia de políticas sociales y bienestar social. Desde un planteamiento rigurosamente académico, Bits pretende informar a profesores, investigadores, profesionales, alumnos de Trabajo Social, Servicios Sociales y un largo etcétera

**ISSN electrónico:** 1578-9578
**Entidad Editora:**Universidad de Castilla-La Mancha: Escuela Universitaria de Trabajo Social de Cuenca
**Editor/a jefe:**Fernando Casas
**Año de creación:** 2002
**Areas Temáticas:** Ciencias sociales: Generalidades
**Proceso de revisión por pares:**
**Dirección web:**http://www.uclm.es/bits/sumario/sumario.asp
**Digital o papel:** Digital
**Desde cuando es digital:**
**Gratuita:** Si
**Periocidad:**
**Idioma:** Español
**Papers por volumen:**
**Bases de datos de indexación:** Dialnet

**TS Nova**

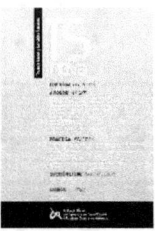

Revista en Trabajo Social editada por el Colegio Oficial de Diplomados en Trabajos Social y Asistentes de Valencia, su año de creación es 2010, esta presente en versión Digital.

**ISSN** 1578-9578
**Entidad Editora:**Col.legi Oficial de Diplomats en Treball Social y Assistents de Valencia
**Editor/a jefe:**
**Año de creación:** 2010
**Areas Temáticas:** Ciencias sociales: Generalidades
**Proceso de revisión por pares:**
**Dirección web:**http://roderic.uv.es/handle/10550/24619
**Digital o papel:** Digital
**Desde cuando es digital:**
**Gratuita:** Si
**Periocidad:** Semestral
**Idioma:** Español
**Papers por volumen:**
**Bases de datos de indexación:** Dialnet, Latindex, ISOC.

## Alternativas. Cuadernos de Trabajo Social

*Alternativas. Cuadernos de Trabajo Social* tiene como objeto fundamental contribuir a la difusión de investigaciones originales, trabajos teóricos, experiencias prácticas, reseñas bibliográficas y notas técnicas, que se realizan en nuestro país y en el ámbito internacional, relativos al Trabajo Social, a la Política Social y a los Servicios Sociales, así como a otras disciplinas y profesiones que desde un punto de vista multi e interdisciplinar enriquecen y complementan la disciplina y la acción profesional del trabajo social en el ámbito de las Ciencias Sociales.

**ISSN** 1133-0473

**Entidad Editora:** Escuela Universitaria de Trabajo Social, Universidad de Alicante

**Editor/a jefe:** Mª Asunción Martínez-Román

**Año de creación:** 1992

**Areas Temáticas:** Ciencias sociales: Generalidades

**Proceso de revisión por pares:**

**Dirección web:**http://dtsss.ua.es/es/alternativascuadernostrabajosocial/

**Digital o papel:** Digital

**Desde cuando es digital:**

**Gratuita:**

**Periocidad:** Anual

**Idioma:** Español

**Papers por volumen:**

**Bases de datos de indexación:** Dialnet, Latindex, MIAR

**Fervenzas**

Revista publicada por el Colegio Oficial de Trabajadores Sociales de Galicia, fue creada en 1998, su periocidad es anual.

**ISSN:** 1698-5087
**Entidad Editora:** Colegio Oficial de Trabajo Social de Galicia.
**Editor/a jefe:** Diana Parada Alvedro
**Año de creación:** 1998
**Areas Temáticas:** Trabajo Social
**Proceso de revisión por pares:**
**Dirección**
**web:**http://www.traballosocial.org/web/index.php?option=com_content&view=categ ory&layout=blog&id=70&Itemid=364&lang=gl
**Digital o papel:** Digital y papel
**Desde cuando es digital:**
**Gratuita:**
**Periocidad:** Anual
**Idioma:** Español
**Papers por volumen:**
**Bases de datos de indexación:** Dialnet

## 3.2  Revistas Españolas en Trabajo Social en Papel

En esta subsección se muestran las principales revistas en papel españolas en Trabajo Social. Como antes se especifica una pequeña imagen ilustrativa de cada revista, una breve descripción y unos diferentesdatos descriptivos como ISSN, entidad Editora, editor/a jefe, año de creación, areas Temáticas, dirección web, si tiene versión en papel, desde cuando presenta versión digital, si es gratuita o no, periocidad, papers por volumen y las bases de datos donde esta indexada.

## Acciones e Investigaciones Sociales

Acciones e Investigaciones Sociales es la revista científica de la Facultad de Ciencias Sociales y del Trabajo de la Universidad de Zaragoza. Surgió con los siguientes objetivos: apoyar la actividad investigadora de los profesores, establecer un foro común de comunicación y debate entre los docentes e investigadores de los distintos Departamentos y Áreas de Conocimiento con representantes en el Centro, y ampliar esta comunicación, por último, con otras Universidades que estuvieran investigando en temas similares.

**ISSN:** 1132-192X
**Entidad Editora:**Universidad de Zaragoza: Facultad de Ciencias Sociales y del Trabajo
**Editor/a jefe:**
**Año de creación:** 1991
**Areas Temáticas:**Ciencias sociales, Sociología, Población, Trabajo social

**Dirección web:** http://eues.unizar.es/index.php?modulo=fichas&id=334
**Digital o papel:** Papel
**Desde cuando es digital:**
**Gratuita:** Si
**Periocidad:** Semestral
**Idioma:** Español
**Papers por volumen:** Nueve
**Bases de datos de indexación:** Dialnet, Latindex, ISOC, INRECS, ULRICH´S PERIODICALS DIRECTORY

## REVISTA DE SERVICIOS SOCIALES Y POLÍTICA SOCIAL

El **Consejo General deTrabajo Social** edita desde 1984 la **"Revista de Servicios Sociales y Política Social"** . Tiene como misión seguir siendo *la voz de las inquietudes del Trabajo social en España*. Pretende seguir ofreciendo artículos de calidad así como información de interés para los profesionales de lo social. Así mismo, a partir del número 100, se pretende fomentar la producción de conocimiento científico publicando sistematizaciones de la práctica profesional e investigaciones específicas de Titulados en Trabajo social. *Servicios sociales y Política social* seguirá usando para ello secciones "tradicionales" en la historia de la revista pero también se abrirá a innovaciones ya normalizadas en esta época: la revista podrá consultarse en digital, asumirá en su elaboración criterios de calidad internacionales, introducirá espacios que recojan el dinamismo de la sociedad en red en la que habitamos y se digitalizará para nuestros suscriptores.

**ISSN:** 1130-7633
**Entidad Editora:** Consejo General de Colegio de Diplomados en Trabajo Social
**Editor/a jefe:** Ana Isabel Lima Fernández
**Año de creación:** 1984
**Areas Temáticas:** Sociología, Población, Trabajo social
**Proceso de revisión por pares:**
**Dirección web:**
**Digital o papel:** Papel
**Gratuita:** No
**Periocidad:** Trimestral
**Idioma:** Español
**Papers por volumen:**
**Bases de datos de indexación:** Dialnet, Latindex, ISOC, MIAR, INRECS, ULRICH´S PERIODICALS DIRECTORY

## TRABAJO SOCIAL Y SALUD

"Trabajo Social y Salud" es una revista editada por la Asociación Española de Trabajo Social y Salud que se publica desde 1989. Se edita en Zaragoza. Su director desde sus inicios es el Profesor Dr. Miguel Miranda Aranda. El Consejo editorial está formado por profesores y también por trabajadores sociales que ejercen en el sistema sanitario. Además del Consejo editorial hay un consejo de asesores colaboradores que efectúan revisión por pares - evaluadores externos- cuando el Consejo editorial lo considera necesario. La Revista nació para fomentar la investigación y la producción científica en el campo del Trabajo Social y sus relaciones con la salud, la enfermedad y el sistema sanitario así como para facilitar la comunicación entre los profesionales del Trabajo Social y de éstos con otras disciplinas, tales como la Medicina o las Ciencias Sociales en general. Por ello se admiten también artículos elaborados desde disciplinas afines o que reflejan el trabajo de equipos interdisciplinares. Trata de divulgar conocimientos y aportaciones procedentes de las Ciencias Sociales y de la Medicina, fomentando el diálogo entre ambos campos.

**ISSN:**1130-2976

**Entidad Editora:**Asociación Española de Trabajo Social y Salud

**Editor/a jefe:**Miguel Miranda

**Año de creación:** 1987

**Aéreas Temáticas:**Ciencias de la salud: Generalidades, Ciencias Jurídicas: Derecho social, Ciencias sociales: Sociología, Población, Trabajo social

**Dirección web:**http://www.revistadetrabajosocialysalud.es

**Digital o papel:** Papel

**Gratuita:**No

**Periocidad:**Cuatrimestral

**Idioma:**español

**Papers por volumen:**

**Bases de datos de indexación:** Dialnet, Latindex, MIAR, INRECS, ULRICH´S PERIODICALS DIRECTORY

## CUADERNOS ANDALUCES DE BIENESTAR SOCIAL

La revista Cuadernos Andaluces de Bienestar Social (CABS) fue fundada en el año 1.992 con el patrocinio y financiación de la Escuela Universitaria de Trabajo Social de la Universidad de Granada. El propósito con el que ha sido instituida consiste en crear un espacio para la expresión, comunicación y debate en el ámbito universitario de las ideas que tengan relevancia para los estudios sobre el bienestar social. Este compromiso científico es el único que reconoce su fundación, declarando su independencia de partidismos políticos, sociales o sectoriales. Por ello nuestra revista estará siempre abierta a todos aquellos trabajos que tengan por objetivo hacer avanzar el conocimiento de la comunidad científica y profesional – ya sea en los aspectos teóricos como en los prácticos -, sean cuales sean las tesis que se defiendan.

**ISSN:** 1138-1035
**Entidad Editora:**Universidad de Granada. Escuela Universitaria de Trabajo Social
**Editor/a jefe:**Enrique E. Raya Lozano
**Año de creación:**1992
**Año de desaparición:** 2004
**Areas Temáticas:**Ciencias sociales: Sociología. Población. Trabajo social
**Dirección web:**http://www.ugr.es/~eutrasoc/cuader.htm

**Digital o papel:** Papel
**Gratuita:** Si
**Periocidad:** Semestral
**Idioma:** Español
**Papers por volumen:**
**Bases de datos de indexación:** Dialnet.

## HUMANISMO Y TRABAJO SOCIAL

La revista "Humanismo y trabajo Social" se propone ser un cauce de la actividad académica de la Escuela Universitaria de Trabajo Social "Ntra. Sra. del Camino" de la Universidad de León, respecto a la profundización teórica, investigación, transmisión y orientación práctica de cuestiones importantes en torno al Humanismo y a la acción humanizadora del Trabajo Social desde las perspectivas que nos abre la nueva situación actual.

**ISSN:**1696-7623
**Entidad Editora:**Universidad de León: Servicio de Publicaciones
**Editor/a jefe:**María Jesús Domínguez Pachón
**Año de creación:**2002
**Areas Temáticas:**Ciencias sociales: Sociología. Población. Trabajo social
**Proceso de revisión por pares:**
**Dirección web:**http://www4.unileon.es/trabajo_social/presentacion.asp
**Digital o papel:** Papel
**Gratuita:**Si
**Periocidad:**Anual
**Idioma:**español
**Papers por volumen:**Once
**Bases de datos de indexación:**Dialnet, Latindex, ISOC, MIAR, INRECS.

**TRABAJO SOCIAL HOY**

Revista editada por el Colegio Oficial de Diplomados en Trabajo Social y Asistentes Sociales de Madrid, cuenta con una web donde se puede descargar cada uno de sus ejemplares que presentan una periodicidad Trimestral.

**ISSN:** 1134-0991
**Entidad Editora:**Colegio Oficial de Diplomados en Trabajo Social y Asistentes Sociales de Madrid
**Editor/a jefe:** Manuel Gil Parejo
**Año de creación:** 1993
**Areas Temáticas:**Ciencias sociales: Sociología. Población. Trabajo social
**Dirección**
**web:**http://www.comtrabajosocial.com/index.asp?tp=2&pag=pub&sub=prev
**Digital o papel:**
**Desde cuando es digital:**
**Gratuita:**
**Periocidad:** Trimestral
**Idioma:** Español
**Papers por volumen:** Catorce
**Bases de datos de indexación:** Dialnet, Latindex, ISOC, MIAR, INRECS, ULRICH´S PERIODICALS DIRECTORY

**TRABAJO Y ASUNTOS SOCIALES**

Se trata de la revista de Ministerio de Trabajo y Asuntos Sociales. Esta revista su objetivo principal es dar a la ciudadanía europea una idea para que sean más conscientes de sus derechos y disfrutar de igualdad. Para incentivar esa idea el Ministerio creo esta revista.

**ISSN:**1137-5868
**Entidad Editora:**Ministerio de Trabajo y Asuntos Sociales, Subdirección General de Publicaciones
**Editor/a jefe:**Luis Martinez – Sicluna Sepúlveda
**Año de creación:**1997
**Areas Temáticas:**Ciencias Jurídicas, Derecho del trabajo y de la Seguridad Social.
**Dirección web:**http://www.meyss.es
**Digital o papel:** Papel
**Gratuita:** Si
**Periocidad:**Sin definir
**Idioma:**español
**Papers por volumen:**
**Bases de datos de indexación:** Latindex, ISOC, MIAR.

**TRABAJO SOCIAL DIFUSION**

Esta revista es una revista divulgativa de periodicdad bimestral, editada por el Colegio de Trabajadores Sociales de Málaga. Su distribución es gratuita todos los colegios andaluces, instituciones públicas y privadas de ámbito local, provincial y autonómico, todas las EUTS y Colegios Profesionales de T.S. de España y principales instituciones públicas del ámbito social a nivel estatal.

**ISSN:**1577-0535
**Entidad Editora:**Colegio Profesional de Trabajadores Sociales de Málaga.
**Editor/a jefe:**Mónica Tabares Arrebola
**Año de creación:**1996
**Areas Temáticas:**Carácter Social
**Dirección**
**web:**http://www.trabajosocialmalaga.org/html/PUBLICACIONES_revista_tsd.php
**Digital o papel:** Papel
**Gratuita:**No
**Periocidad:**Bimestral
**Idioma:**español
**Papers por volumen:**
**Bases de datos de indexación:**

**RTS. Revista de Treball Social.Col·legi Oficial de Diplomats en Treball Social i Assistents**

La Revista de Trabajo Social, editada por el Colegio Oficial de Trabajo Social de Cataluña, tiene una larga trayectoria a través de los años. La revista, en adelante RTS, es más antigua que nuestra organización colegial, a la que se incorpora en 1982, año de fundación del Colegio.La RTS es una de las publicaciones sobre Trabajo Social pionera en España, y podemos decir que ha sido una herramienta útil para buena parte de los profesionales, tanto en Cataluña como de toda España. Es una publicación científico-técnica que ha tenido varias etapas y que actualmente se decanta por temas monográficos de actualidad.la RTS, como medio científico de nuestra organización colegial, es la publicación más importante de la que disponemos y es por este motivo que el Colegio a través del equipo de redacción la tiene como prioridad dentro de los objetivos de mejora de sus servicios, tanto en la colegiatura como profesionales y entidades que no forman parte de nuestra organización.

**ISSN:** 0212-7210
**Entidad Editora:**Col.legi Oficial de Diplomats en Treball Social i Assistents Socials de Catalunya-Barcelona
**Editor/a jefe:** Montserrat Bacardit i Busquet
**Año de creación:** 1982
**Areas Temáticas:** Sociología
**Dirección web:**http://www.tscat.cat
**Digital o papel: Papel**
**Desde cuando es digital:**
**Gratuita:** Si
**Periocidad:**
**Idioma:** Español
**Papers por volumen:**
**Bases de datos de indexación:** Dialnet, Latindex, ISOC, MIAR, INRECS, ULRICH´S PERIODICALS DIRECTORY

**RevistaT S M U.**

TSMU es la Revista de Trabajo Social del Colegio Oficial de Trabajo Social de la Región de Murcia. Fue creada en el año 2003 y su área temática son las Ciencias Sociales. Es una revista gratuita y su periocidad es semestral.

**ISSN:**1697-7852
**Entidad Editora:** Colegio Oficial de Diplomados en Trabajo Social y Asistentes Sociales de la Región de Murcia
**Editor/a jefe:**JuditGarcía Álvarez
**Año de creación:**2003
**Areas Temáticas:**Ciencias sociales: Sociología. Población. Trabajo social
**Proceso de revisión por pares:**
**Dirección**
**web:**http://cgtrabajosocial.com/murcia/colegiados_area_colegiados_revista_tsmu_tra bajo_social_murcia
**Digital o papel:** Papel
**Gratuita:**Si
**Periocidad:**Semestral
**Idioma:**español
**Papers por volumen:**Quince
**Bases de datos de indexación:** Dialnet

**Trazos, Horizontes y Alisios.**

Trazos , Horizontes y Alisios es una revista de divulgación gratuita publicada por el Colegio Oficial de Diplomados en Trabajo Social y Asistentes Sociales de Las Palmas. Fue creada en el año 2008 y su área temática principal es el Trabajo Social.

**Depósito legal:** G.C.-1071-1996
**Entidad Editora:** Publicación del Colegio Oficial de Diplomados en Trabajo Social y Asistentes Sociales de Las Palmas.
**Editor/a jefe:** Julia Hernández Reyna
**Año de creación:** 2008
**Areas Temáticas:** Trabajo Social
**Dirección web:**http://jable.uplgc.es/trazos
**Digital o papel:** Papel
**Gratuita:**Si
**Periocidad:**
**Idioma:**Español
**Papers por volumen:**
**Bases de datos de indexación:**

| Revistas | DIALNET | LATINDEX | ISOC | MIAR | INRECS | ULRICH´S PERIODICALS DIRECTORY | SCOPUS | JCR |
|---|---|---|---|---|---|---|---|---|
| Servicios Sociales y Política Social TS Difusión | • | • | • | • | • | • | | |
| Área Social | • | | | | | | | |
| Documentos de Trabajo Social Papers del Col.legi | • | • | | • | • | | | |
| Revista de Treball Social. RTS | • | • | • | • | • | • | | |
| Revista Galega de Traballo Social. Fervenzas. | | | | | | | | |
| Revista TSMU | • | | | | | | | |
| Trabajo Social Hoy | • | • | • | • | • | • | | |
| Trasos. Horizontes y Alisios | | | | | | | | |
| Alternativas, Cuadernos de Trabajo Social | • | • | | • | | | | |
| Cuadernos de Trabajo Social | • | • | • | • | • | • | | |
| Humanismo y Trabajo Social | • | • | • | • | • | | | |
| Portularia | • | • | • | • | • | • | | |
| Revista de Acciones e Investigaciones Sociales | • | • | • | | • | • | | |
| Agathos: trabajo social y salud. | • | • | • | | | • | | |
| BITS | • | | | | | | | |
| Trabajo Social y Salud | • | • | | • | • | • | | |
| Trabajo Social Global | | | | | | | | |
| Comunitania | • | • | • | | | | | |
| Entorno Social | | | | | | | | |
| Azarbe | • | | | | | • | | |
| Revista Intenciones Tendencias en Trabajo Social Innovaciones | | | | | | | | |
| Ts Nova | • | • | • | | | | | |
| Cuadernos Andaluces de Bienestar Social | • | | | | | | | |

| Trabajo y Asuntos Sociales | ● | ● | ● |
|---|---|---|---|

● Indexación en 2010

● Indexación en 2013

○ Indexada

**Tabla 1.** Bases de datos de indexación de la Revistas Españolas en Trabajo Social

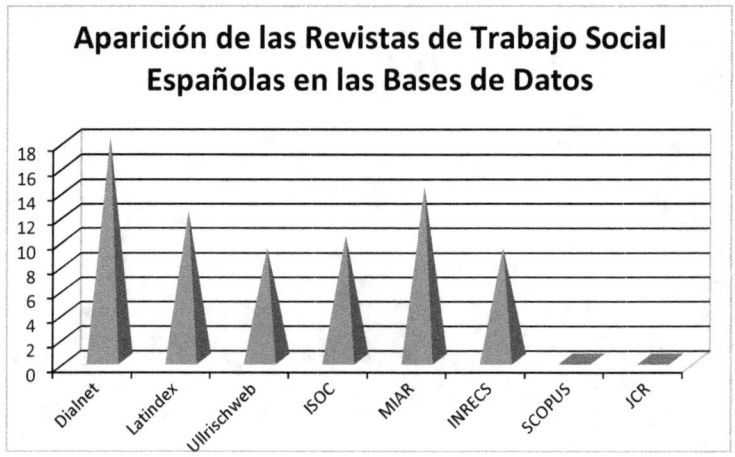

**Figura 1.** Indexación de las revistas españolas de Trabajo Social en bases de datos

4  Conclusiones

A continuación enfatizamos algunos de las conclusions que podemos extraer de los datos sobre las revistas españolas en Trabajo Social.

1. Existe un buen número de revistas nacionales en Trabajo Social, algunas indexadas en bases de datos bibliográficas buenas como Latindex (ver grafico 1 y tabla 1) (Trabajo Social Global, Agathos, Comunitaria, Cuadernos de Trabajo Social, Portularia, Revista de Servicios Sociales y Trabajo Social, Humanismo y Trabajo Social, Alternativas. Cuadernos de Trabajo Social), pero no en la base de datos bibliográfica más importante, el Journal Citation Report. Esto nos lleva a pensar que la comunidad científica y académica en España usa mucho estas revistas para difundir sus investigaciones y resultados, pero intuimos que no tanto las internacionales indexadas en el JCR.

2. De acuerdo al impacto evaluado según las citaciones recogidas en Google Scholar podemos establecer el ranking de revistas españolas en Trabajo Social mostrado en la tabla 2.

| Revistas | Indice h en Google Scholar |
| --- | --- |

**Tabla 2.** Indice h en Google Scholar

| | |
|---|---|
| Servicios Sociales y Política Social | 3 |
| TS Difusión | |
| Área Social | |
| Documentos de Trabajo Social | |
| Papers del Col.legi | |
| Revista de Treball Social. RTS | 5 |
| Revista Galega de Traballo Social. Fervenzas. | 1 |
| Revista TSMU | |
| Trabajo Social Hoy | 1 |
| Trasos. Horizontes y Alisios | |
| Alternativas, Cuadernos de Trabajo Social | 5 |
| Cuadernos de Trabajo Social | 3 |
| Humanismo y Trabajo Social | |
| Portularia | 8 |
| Revista de Acciones e Investigaciones Sociales | |
| Agathos: trabajo social y salud. | 3 |
| BITS | |
| Trabajo Social y Salud | 1 |
| Trabajo Social Global | |
| Comunitania | |
| Entorno Social | |
| Azarbe | 1 |
| Sociales y Juridicas | |
| Ts Nova | 1 |
| Revista de Servicios Sociales y Politica Social | 3 |
| Cuadernos Andaluces de Bienestar Social | 4 |
| Trabajo y Asuntos Sociales | 5 |

# Bibliografía

1. International Federation of Social Workers. Definition of Social Work (http://ifsw.org/policies/definition-of-social-work/). Retrieved 20-01-2013.

2. International Associations of Schools of Social Work, http://www.iassw-aiets.org/

3. L. Beddoe. Investing in the future: Social workers talk about research. *British Journal of Social Work*, 41 (2011) 557-575.

4. R. M. Grinnell and Yvonne A. U. *Social Work Research and Evaluation: Foundations of Evidence-Based Practice of Evidence-Based Practice*. Oxford UniversityPress, 2008.

5. B.A. Thyer. A note from the editor: A comprehensive listing of social work journals. *Research on Social Work Practice*, 15(4):310{311, 2005.

6. Journal Citation Reports. http://thomsonreuters.com/journal-citation-reports/

7. E. Garfield. Citation analysis as a tool in journal evaluation. *Science, 178* (60)(1972) 417-479.